AF497838

HISTOIRE RÉSUMÉE

DE LA GUERRE

(AOUT 1914-NOVEMBRE 1918)

NEUVIÈME ÉDITION

(605ᵉ Mille)

LIBRAIRIE HACHETTE

79 BOUL. SAINT-GERMAIN, PARIS

1920

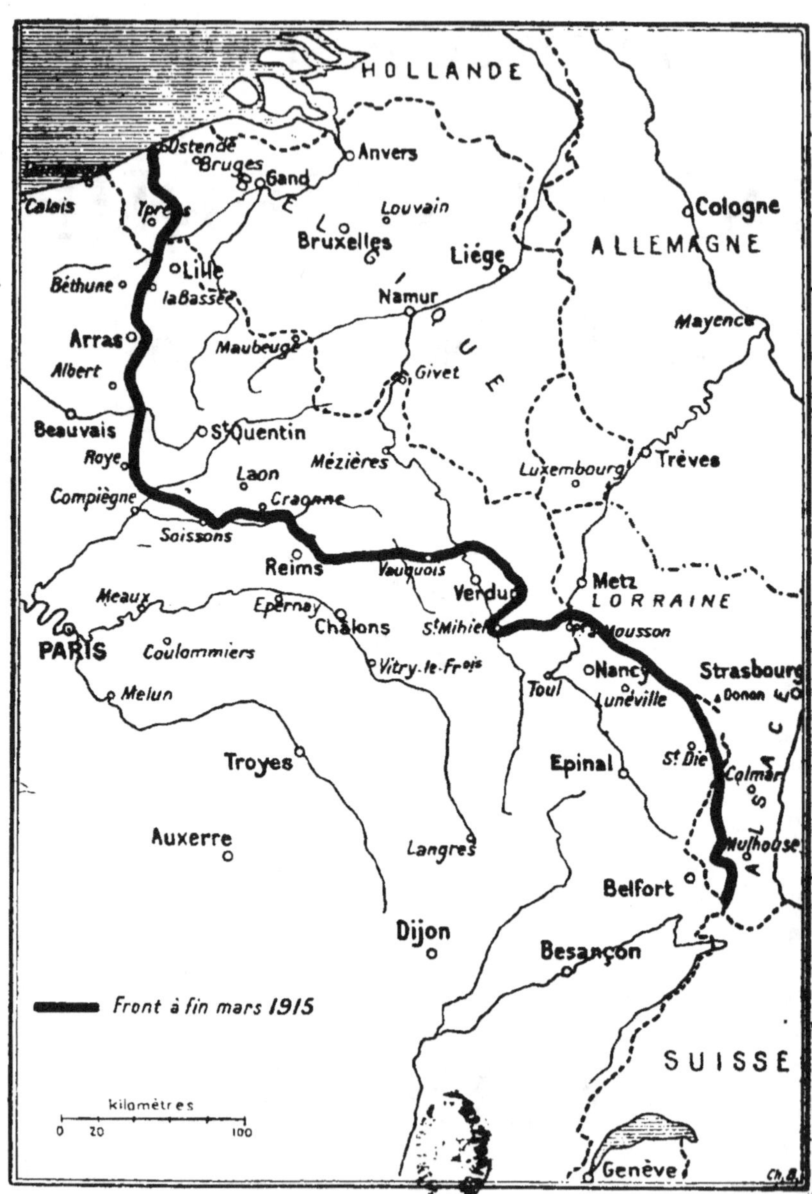

CARTE DU FRONT FRANÇAIS EN 1915

HISTOIRE RÉSUMÉE
DE LA GUERRE
(Août 1914 — Novembre 1918)

CAUSES ET COMMENCEMENTS
DE LA GUERRE

L'Allemagne voulait la guerre, la préparait depuis longtemps, avait failli maintes fois la provoquer.

Le rêve des pangermanistes, qui finit par s'imposer au kaiser, allait tout simplement à l'Empire du monde. Il s'agissait de saigner la France une fois pour toutes et de la rendre définitivement impuissante, de lui enlever, du même coup, toutes ses colonies, sa barrière des Vosges, et ses départements du Nord jusqu'à la Somme. La Manche et la mer du Nord devenaient ainsi des mers allemandes, car la Belgique et la Hollande se trouveraient fatalement englobées dans le bloc germanique. Constamment menacée d'une invasion venant à la fois de Calais, d'Anvers et de Kiel, l'Angleterre perdait à bref délai sa suprématie maritime et était réduite au rang de puissance de second ordre. A la Russie, on ne prenait peut-être que la Pologne et les provinces baltiques; on se bornait à la reléguer dans ses steppes: on l'eût tolérée comme nation asiatique. Par l'Autriche-Hongrie, assimilée, la main était mise sur les États balkaniques et adria-

La foule à la gare de l'Est, le dimanche 2 août,
premier jour de la mobilisation.

tiques; par la Turquie vassale, la conquête descendait en Asie, jusqu'aux Indes anglaises.

Un tel plan semble de la démence : aux yeux de ceux qui l'avaient conçu, l'exécution en paraissait facile.

La France, assaillie d'abord, serait écrasée en quelques semaines; on se retournerait ensuite contre la Russie qui ne soutiendrait pas beaucoup plus longtemps le choc des invincibles armées allemandes.

L'occasion cherchée de déchaîner le grand cataclysme, se présenta : ce fut le meurtre de l'archiduc François-Ferdinand, héritier d'Autriche, à **Serajevo**

(Bosnie), le 28 juin 1914. Le gouvernement austro-hongrois voulut en rendre responsable le gouvernement serbe et lui adressa, le 25 juillet, un ultimatum inacceptable.

Cependant la Serbie, sur les conseils de la Russie et de la France, se soumit à toutes les conditions qui lui étaient imposées, sauf une qu'elle demandait à discuter.

Afin d'appuyer la cause de la Serbie, la Russie avait mobilisé quelques corps d'armée sur la frontière autrichienne. Revenu soudainement d'une croisière qu'il accomplissait sur les côtes de la Norvège, l'empereur d'Allemagne, Guillaume II, somme le tzar Nicolas de révoquer cet ordre de mobilisation. A ce moment, l'Autriche-Hongrie inclinait à accepter l'offre d'une conférence d'arbitrage des grandes puissances européennes. Mais Guillaume II ne voulait à aucun prix le maintien de la paix. Il déclara la guerre à la Russie le 1er août et à la France le 3, entraînant l'Autriche à sa suite, et soulevant contre lui la France, la Russie, la Serbie et le Montenegro, puis, dès le lendemain, la Belgique et l'Angleterre.

LA VIOLATION DE LA BELGIQUE

L'Allemagne ne s'aventura point à attaquer la France sur la ligne puissamment défendue qui va de Belfort à Verdun en passant par Épinal, Lunéville, Toul et Nancy, et derrière laquelle se massait toute la nation en armes. Un plan de campagne depuis longtemps étudié comportait le passage par la Belgique. La neutralité du royaume de Belgique était garantie par les traités de 1831 et de 1839, contresignés par la Prusse.

« Chiffons de papier! » telle fut la parole du chancelier Bethmann-Hollweg, lorsqu'il eut l'impudence de s'indigner de ce que l'Angleterre tirait l'épée pour faire honneur à l'engagement qu'elle avait contracté.

L'armée allemande, le 4 août, pénétra en territoire belge, détruisit la petite ville de Visé, et se présenta devant Liége. Liége, que défendait une division commandée par le général Léman, fut un premier obstacle

Aspect des ruines de Louvain
après le bombardement de la ville par les **Allemands.**

que les envahisseurs ne s'attendaient pas à rencontrer. Ce ne fut que le 17 qu'ils purent s'emparer du dernier des forts qui couvraient Liége. Ils avaient subi là **un** arrêt de plus d'une semaine, dont les conséquences furent incalculables. Ce retard apporté à leur **marche** permit à la mobilisation française de s'achever et **au** généralissime Joffre de retirer une partie de ses **troupes** de la ligne de l'Est pour les concentrer sur le **point où** la menace principale se précisait.

Toutefois, les Allemands n'avaient pas attendu la chute complète de Liége pour se répandre en Belgique.

Dès le 8 août, par le Nord-Ouest, ils commencèrent leur marche sur Bruxelles. Des combats furent livrés, qui se terminèrent à l'avantage des Belges. Mais l'ennemi, grâce à son énorme supériorité numérique, avançait quand même. Le 17 août, l'armée belge, succombant

Bruxelles sous la domination allemande. Le 18 août, troupes sillonnant la ville pour impressionner le peuple.

à Aerschoot, était obligée de se replier sur Anvers, et le lendemain les Allemands entraient à Bruxelles.

Vers le Sud, ils avaient, évitant Namur, qu'un bombardement impitoyable détruisit quelques jours plus tard, descendu la vallée de la Meuse jusqu'à Dinant où la cavalerie française, qui venait d'entrer en Belgique, leur infligea, le 15 août, un sanglant échec. Ils allaient bientôt entrer en contact avec l'armée anglo-française appelée au secours de l'héroïque petite nation si sauvagement assaillie. On ne saurait s'étendre ici sur les atrocités, incendies, pillages, assassinats, qui marquèrent l'agression.

EN ALSACE ET EN LORRAINE

A l'extrémité de leur aile droite, en Alsace-Lorraine, les Français avaient pris l'offensive. Le 7 août, un corps d'à peine une vingtaine de mille hommes franchit la frontière au-dessus de Belfort et emporta, dans son élan, Altkirch, puis Mulhouse le lendemain. Les troupes françaises furent accueillies d'enthousiasme par les Alsaciens de vieille race. Mais le pays était infesté d'Allemands : un corps d'armée badois, averti de notre infériorité numérique, reprit Mulhouse dans la nuit du 8 au 9 août. Il fallut également abandonner Altkirch. Une nouvelle expédition, conduite par le général Pau et procédant avec plus de méthode, occupa, du 15 au 20, Thann, Cernay, Dannemarie et, de nouveau, Mulhouse. Tous les cols des Vosges qui avaient dû être abandonnés pour les nécessités de la mobilisation, le col du Bonhomme, Sainte-Marie-aux-Mines, Saales, le massif du Donon, furent successivement récupérés. Colmar fut menacé. De beaux faits d'armes nous portèrent sur la route de Strasbourg, par Saint-Blaise, où un premier drapeau allemand tomba en nos mains, jusqu'à Schirmeck. Sarrebourg fut occupé. Plus haut, notre avancée se porta sur Château-Salins, Delme, Morhange, sur Marsal, Dieuze et Fenestrange. A la fin du mois, l'obligation de porter vers l'Ouest le gros de nos forces amena le repli général.

Mais, en Alsace, nous gardions Thann et ses environs, commençant ainsi la reprise de l'Alsace-Lorraine.

CHARLEROI
ET LA RETRAITE STRATÉGIQUE

Le grand choc avait lieu dans le sud de la Belgique. L'armée anglo-française s'étendait, sur la ligne longue de plusieurs centaines de kilomètres qui part de Mons et aboutit à Virton, dans le Luxembourg belge. Le corps anglais, d'environ 200 000 hommes, qui venait de débarquer, s'appuyait sur Mons, tout à l'extrémité de notre aile gauche. La lutte autour de Charleroi, point central de l'action, dura du 20 au 23 août, avec de sanglantes alternatives. L'ennemi attaquait par masses profondes, sans se soucier d'épargner la vie de ses soldats; il éprouva des pertes énormes, mais sans cesse de nouvelles colonnes revenaient à la charge, en marchant sur les cadavres. A la fin, le nombre et la supériorité d'artillerie l'emportèrent.

Sur notre aile droite, à la hauteur de Longwy, la poussée n'avait pas été moins féroce. A notre aile gauche, le maréchal French, sur le point d'être tourné, dut se retirer de Mons, dans la direction de Maubeuge. Le 24, le général en chef français, Joffre, donna l'ordre de la retraite.

La marche de l'envahisseur prit la forme d'une manœuvre d'enveloppement de notre aile gauche par son aile droite, que commandait von Klück. Le 25 et le 26, des combats acharnés eurent lieu entre Cambrai et le Cateau. Le 28 et le 29, au-dessous de Mézières, à Lannoy, Signy-l'Abbaye, Novion-Porcien, nos efforts clouèrent l'ennemi sur place. Le 29 et le 30, la bataille de Guise fut une véritable victoire à notre actif. D'autre part, sur la Meuse, à Dun, au-dessus de Verdun, nous infligions des pertes considérables aux Allemands. Ils continuaient cependant à avancer. Maintes fois, après d'éclatants succès partiels, Joffre avait été sollicité par ses lieutenants de reprendre l'offensive générale. Mais il décida de continuer la retraite tant qu'il ne jugerait pas le moment opportun. Le 2 septembre, les Allemands étaient à Chantilly, à 40 kilomètres de Paris. Ils se vantaient d'entrer dans la capitale à temps pour y célébrer l'anniversaire de notre désastre de Sedan, en 1870.

LES RUSSES EN 1914

Sur le front oriental, les Allemands se trouvaient cependant en présence d'une situation qui devenait inquiétante. La mobilisation russe s'était effectuée avec plus de rapidité que ne le laissait espérer la grave difficulté des immenses espaces à parcourir et de l'insuffisance des voies ferrées. Dès le 17 août, les Russes avaient prononcé une vigoureuse offensive en Prusse Orientale ; ils avaient culbuté les forces qui leur étaient opposées, le 19, à Stallupœnen, le 20, à Gumbinen ; ils avaient pris Tilsitt et s'étaient rendus maîtres de la région des lacs de Mazurie, d'où ils menaçaient Kœnisgsberg et Dantzig. Il fallut faire venir des troupes du front occidental. Une défaite russe à Tannenberg, après trois jours d'une terrible lutte, les 27, 28, 29 août, libéra la Prusse Orientale. Nos alliés, d'ailleurs, ne s'étaient pas forgé d'espoirs chimériques au sujet de cette tentative prématurée. Le but de leur démonstration était surtout d'attirer sur eux, pour nous soulager d'autant, une partie des forces de l'Allemagne.

Leurs succès contre l'Autriche eurent plus de portée.

Les Autrichiens, dès l'ouverture des hostilités, avaient envahi, presque sans combat, le sud de la Pologne. En riposte, les Russes entrèrent en Galicie. Après une bataille gigantesque, qui dura huit jours, du 26 août au 2 septembre, et où ils anéantirent les armées qu'ils avaient devant eux, ils s'emparèrent de Lemberg, la capitale de la Galicie.

LA BATAILLE DE LA MARNE

Mais revenons au front occidental. Arrivé à Chantilly dans les premiers jours de septembre, après le recul de l'armée franco-anglaise, von Klück hésita à poursuivre sa marche directe sur Paris. Il y avait, en effet, imprudence à se heurter contre le camp retranché que le général Gallieni avait organisé autour de la ville et que défendait un corps d'excellentes troupes, sous les ordres du général Maunoury. La tentative eût été périlleuse au suprême degré, alors que l'ensemble de l'armée française restait, à peu de distance, parfaitement intact et nullement entamé. Un retour des Français pouvait aboutir, pour les Allemands, au désastre le plus complet. Leur état-major se résolut donc à tâcher de détruire, en premier lieu, ou de disloquer les armées du général Joffre et d'en rejeter au loin les débris, quitte à revenir ensuite sur Paris par le Sud. Le mouvement des Allemands s'infléchit vers l'Est, s'éloignant de Paris. Ce changement de direction commença le 3 septembre. Le 4, les Allemands occupaient la ligne de la Marne, Lagny, Meaux, La Ferté-sous-Jouarre, Château-Thierry, Épernay. Le 5 au soir, ils avaient encore avancé : leurs avant-gardes dépassaient Coulommiers, dans la direction de Provins.

Mais ce mouvement de conversion prêtait le flanc aux troupes du camp retranché de Paris, et une rupture se produisit dans la colonne d'attaque. Gallieni y lança Maunoury avec l'armée de Paris. C'était l'heure que le généralissime attendait, qu'il avait prévue et escomptée. Il donne aussitôt le signal de l'arrêt, ordonne de faire face partout et règle le dispositif de

Débris d'un convoi d'automobiles allemand, après un bombardement de notre artillerie, dans la forêt de Villers-Cotterets.

la bataille : une immense bataille, une série de batailles simultanées, engageant deux millions d'hommes, sur un front d'au moins 300 kilomètres.

L'attaque commencée par Maunoury dès le 5 se continue les jours suivants. Il a sur les bras toute l'armée de von Klück, qui, voyant le danger dont il est menacé, a repassé la Marne et est remonté vers le Nord. Les soldats de Maunoury se maintiennent avec une constance héroïque dans la vallée de l'Ourcq pendant les trois terribles journées des 6, 7 et 8 septembre. Ils sont rejoints alors par les Anglais du maréchal French qui ont repris Coulommiers et ont enlevé de vive force les passages du Petit-Morin En allant de l'Ouest à l'Est, c'est ensuite Franchet d'Esperey qui, le 8, est à Montmirail et à Vauchamps; puis Foch qui a devant lui la Garde prussienne; Langle de Cary qui est sur l'Ornain, à la hauteur de Vitry-le-François; Sarrail enfin qui

Caissons d'artillerie abandonnés au milieu d'obus
après la retraite précipitée de l'ennemi.

s'appuie sur Verdun. Mais, maintenant, ce ne sont plus les Allemands qui exécutent la manœuvre débordante; à leur tour, ils risquent d'être débordés et tournés à la fois par notre aile gauche (Maunoury) et par notre aiie droite (Sarrail). Ils font, le 9 septembre, un effort désespéré pour nous rompre par le centre. Le 10 au matin, ils se résignent à la retraite. Ce fut la déroute (journées du 10 au 12 septembre). Foch, par un coup d'audace, culbute la Garde dans les marais de Saint-Gond. Dix victoires françaises s'enchaînent les unes aux autres. La ligne de la Marne est reconquise, puis dépassée. Compiègne, Soissons, Reims, Châlons sont évacués dans un désordre de fuite. La poursuite française ne s'arrête qu'au delà de l'Aisne où les Allemands se retranchent dans des positions presque inexpugnables, préparées à l'avance. Et pourtant, ils en auraient peut-être été chassés sur l'heure, si l'élan victorieux de nos troupes avait pu se maintenir; mais elles étaient épuisées de fatigue.

Il faut noter que ce même jour du 12 septembre fut marqué par l'échec définitif des assauts que, depuis le 22 août, sous les yeux du kaiser lui-même, les Allemands dirigeaient contre le Grand-Couronné de Nancy, magistralement défendu par Castelnau.

La victoire de la Marne est l'un des faits les plus mémorables de toute l'histoire. Elle a sauvé la France et le monde de l'hégémonie prussienne et blessé à mort le rêve impérial allemand.

LA COURSE A LA MER

La bataille continua d'ailleurs. Après la bataille de la Marne, ce fut la bataille de l'Aisne, qui se prolongea pendant les dernières semaines de septembre et bien au delà. Mais bataille, cette fois, comme figée sur place, faite d'engagements partiels presque quotidiens, horriblement meurtriers, se terminant en faveur tantôt de l'un des adversaires, tantôt de l'autre, et n'amenant jamais de résultats d'une importance décisive. Les noms qui émergent d'une multitude de noms sont, dans cette région, Craonne, Souain, Berry-au-Bac.

Des tentatives furent dirigées sur Reims et sur Soissons : elles échouèrent; l'ennemi s'en vengea en ruinant à peu près ces deux villes et en incendiant la cathédrale de Reims !

Plus à l'Est a lieu la bataille des Hauts-de-Meuse. L'ennemi essaie de forcer cette barrière, entre Verdun et Toul, qu'il n'avait pas osé affronter au début de la guerre. Il attaque vainement le fort de Troyon, le fort des Paroches ; il réussit à enlever le fort du Camp des Romains et, grâce à la chute de cette position, à s'emparer de Saint-Mihiel, dont nous ne pûmes de longtemps les déloger, malgré tant de sang versé dans la forêt d'Apremont et aux Éparges.

Mais c'est en allant vers l'Ouest et en remontant au Nord que se déroulèrent les opérations les plus intéressantes de cette période. Immobilisés sur un front qui restait à peu près inébranlable de part et d'autre, les deux partis voulurent se donner de l'air, se déborder réciproquement dans les espaces qui jusqu'alors s'étaient trouvés en dehors des hostilités. Ce fut, depuis [Compiègne jusqu'à la mer du Nord, une sorte de lutte de vitesse, un glissement continu d'infanterie et d'artillerie, précédées par de la cavalerie, où nous eûmes le réel avantage de maintenir la ligne ennemie sur une perpendiculaire la rapprochant toujours de la frontière belge. Les combats de Tracy-le-Mont, Lassigny, Roye, Péronne, Albert, forment dans leur ensemble la bataille de Picardie. La bataille d'Artois, autour d'Arras, suivit en octobre, et fut suivie par la bataille des Flandres, qu'illustrent les chocs héroïques de Lens et de La Bassée. Enfin, les armées anglo-françaises rentrent en Belgique par son extrémité du Sud-Ouest et aboutissent à la mer juste à temps pour recevoir ce qui subsistait de l'armée belge, venant d'Anvers, tombé, le 9 octobre, sous les coups de l'artillerie lourde des Allemands.

Quelques jours auparavant, le noble roi des Belges, Albert Ier, était sorti de la place, à la tête de ses troupes ; par Gand et Bruges, il avait gagné Ostende, et de là, en suivant la côte, atteint, le 12 octobre, le petit coin de terre qui allait être encore la Belgique indépendante. Tandis que son gouvernement acceptait, au Havre, l'hospitalité française, il devait, lui, ne jamais quitter le sol de sa patrie, attendant là et préparant les hautes réparations promises par l'avenir.

BATAILLES DE L'YSER ET D'YPRES

En réalité, ces deux batailles s'enchevêtrent et n'en font qu'une, qui dura un mois plein : c'est une suite de la bataille des Flandres, que l'on a appelée aussi la bataille de Calais, d'après son objectif. Une nouvelle démence en effet occupait l'esprit du kaiser. Il voulait, à n'importe quel prix, prendre Calais afin de pouvoir, de ce port, fondre sur l'Angleterre avec une armée d'invasion. Le 17 octobre, ses innombrables bataillons, lancés par masses épaisses de huit hommes de front sur vingt ou trente rangs de profondeur, commencent à essayer de forcer les passages de l'Yser, entre Dixmude et Nieuport. Il n'y a là que les régiments belges réduits à de faibles effectifs, et 6 000 de nos fusiliers marins. Cette poignée d'hommes tient tête à elle seule sept jours de suite aux vagues allemandes. Le 24, elle est renforcée par des contingents français amenés en hâte. Le 26, les écluses de Nieuport sont ouvertes et inondent la plaine, qui est en contre-bas de la mer. La lutte continue partout où elle reste possible. Ce n'est que le 10 novembre que les Allemands s'emparent du tas de ruines qui fut Dixmude

L'attaque d'Ypres, plus forcenée encore que celle de
Dixmude, commença le 21 octobre. Ce fut aux Anglais.
à en soutenir le premier choc. Ils accomplirent leur
tâche avec une vaillance inégalable, dans des circonstances parfois désespérées. Là encore, plusieurs de
nos divisions intervenues à temps rétablirent le combat.
Le 16 novembre, les Allemands renoncèrent. Ypres
nous restait, la route de Calais à jamais fermée.

LA GUERRE DE POSITION

Après Ypres et l'Yser, la barrière des tranchées
s'établit d'une façon continue. Elle commençait aux
dunes flamandes, descendait au Sud, jusqu'à Noyon;
de là, elle se dirigeait vers l'Est, jusqu'à Verdun, d'où
elle repartait, s'inclinant au Sud-Est, pour aboutir en
avant de Belfort. Dans toute la longueur de cette
immense étendue, la guerre s'immobilisa. Il faut en-
tendre par là seulement qu'il n'y eut plus de grandes
avancées, ni de profonds reculs. C'est ce qu'on a appelé
la guerre de position, qui semble piétiner sur place,
qui, en réalité, ne se maintient sur les mêmes places
qu'à cause des efforts incessants qui se neutralisent.
Mais pas un jour, pas une nuit ne se passe sans que la
canonnade et la fusillade ne résonnent en cent endroits
à la fois. Par moments une poussée plus forte se produit, qu'elle vienne de nous ou de l'ennemi. Le moindre
de ces épisodes s'égale aux grandes batailles décisives
de jadis.

En janvier 1915, du 8 au 14, un coup de main des
Allemands sur Soissons échoue, et nous n'y perdons un
peu de terrain que par le fait d'une crue de l'Aisne. Du

16 février au 18 mars, en Champagne, à Perthes-les-Hurlus, Tahure et Beauséjour, nous progressons. Du 1er au 6 mars, en Argonne, nous emportons Vauquois. Les 10, 11 et 12 mars, en Artois, les Anglais se rendent maîtres de Neuve-Chapelle. Le 9 avril, nos sacrifices de plusieurs mois ont leur récompense dans la prise des Éparges. La seconde bataille de l'Artois dure du 8 mai au 18 juin : les noms de Notre-Dame-de-Lorette, Carency, Souchez, Vimy, la Neuville-Saint-Vaast, le **Laby**rinthe, Ablain-Saint-Nazaire resteront célèbres.

LES RUSSES EN 1914-1915

Sur les autres fronts, la guerre n'a pas le même caractère d'apparente stagnation.

Au commencement d'octobre 1914, les Russes prennent une éclatante revanche de leur défaite de Tannenberg, par la grande victoire d'Augustowo. Le maréchal Hindenburg, à la tête de nouvelles armées, revient à la charge. Il est battu, le 21 octobre.

Le péril allemand nettement conjuré, les **Russes** rentrent en Bukovine et en Galicie, d'où ils s'étaient retirés, et recommencent le siège de Przemysl, la grande citadelle autrichienne, qui capitule le 22 mars 1915 avec sa garnison forte de 120 000 hommes. Les Cosaques occupent les cols des Carpathes, prêts à envahir la Hongrie.

L'Autriche abdiqua la direction de ce qui lui restait d'armée entre les mains de l'état-major allemand. Le maréchal Mackensen, placé à la tête des forces austro-allemandes, reçut la mission d'arracher aux **Russes** toutes leurs conquêtes. Il y réussit surtout parce que l'armée du grand-duc Nicolas se trouvait manquer de munitions, tandis qu'il était, lui, abondamment pourvu de grosse artillerie. L'offensive commença le 2 mai 1915. Le 3 juin, Przemysl était perdu, Lemberg, le 22. La retraite du grand-duc fut une des plus admirables de

Une compagnie russe sortant d'une tranchée
et se préparant à faire une charge à la baïonnette.

toute l'histoire ; il dut abandonner les territoires, mais sauva son armée.

Au Nord, le maréchal Hindenburg déchaîne, dès avril, l'invasion sur la Pologne, la Courlande et la Lithuanie. Il procède à coups d'hommes sacrifiés par masses compactes. Le port de Libau est enlevé le 7 mai 1915. Varsovie tombe le 6 août; Vilna, le 18 septembre. Mais là s'arrête la marche des Allemands. Riga résiste à toute attaque par terre et par mer. Et surtout, de même qu'au Sud, les Russes gardent leur armée intacte.

LA SERBIE EN 1914

La Serbie avait eu à supporter les premiers coups de la guerre. Dans la nuit du 28 au 29 juillet 1914, Belgrade fut détruit par un bombardement qui n'avait l'excuse d'aucune utilité militaire.

Puis les Autrichiens effectuèrent le passage de la Save et de la Drina. La vaillante petite armée serbe les tailla en pièces aux journées du Tser, du Jadar, de Chabatz, 15-21 août 1914.

En septembre, nouvelle invasion. Les Autrichiens entrèrent sans difficulté à Belgrade d'où les Serbes s'étaient retirés, et ils se répandirent assez avant dans le pays. Mais l'armée du général Putnik reprit bientôt l'ascendant. Au mont Roudnick, elle culbuta l'ennemi qui fut rejeté au delà de la Drina et dut abandonner 30000 prisonniers (2-15 décembre 1914).

Par deux fois l'héroïsme d'un noble petit peuple avait triomphé des énormes effectifs formidablement armés qui étaient lancés contre lui.

L'ITALIE EN GUERRE

L'Italie déclara la guerre à l'Autriche le 23 mai 1915. Dès juillet 1914, elle avait manifesté hautement sa volonté de refuser tout concours à l'attentat que les Empires centraux préméditaient contre l'humanité ; elle devait finalement se ranger dans le parti de la bonne cause. Mais, depuis déjà plusieurs années et au temps même où la Triplice était en vigueur, l'Autriche avait pris ses précautions. Elle avait couvert toutes les cimes des Alpes, sur la frontière, de fortifications formidables munies d'artillerie lourde, et toutes les routes d'invasion étaient en son pouvoir. La première tâche des Italiens fut donc de parer à cette menace et de s'efforcer de transporter le théâtre des opérations en territoire ennemi. L'année 1915 entière y fut employée.

Les passes du Trentin furent enlevées dès le début de la campagne. L'armée italienne remonta la vallée de l'Adige jusqu'aux portes de Rovereto. Plus vers l'Est, elle s'empara du Val Sugana et de Cortina d'Ampezzo, dans les montagnes des Dolomites. En Carnie, elle anéantit les redoutes autrichiennes et parvint aux cols de Tarvis et du Predil,

Les Alpins italiens hissant une pièce d'artillerie de montagne.

qui dominent le cours de la Drave. Tout à fait à l'Est, au point où la frontière dessine une large courbe qui aboutit à l'Adriatique, les Italiens se portèrent sur l'Isonzo, s'emparèrent à Plava d'une tête de pont qui les mettait sur la rive gauche de la rivière, et se rendirent maîtres de Monfalcone, le grand chantier naval de l'ennemi.

On peut se rendre compte de l'effort surhumain que représente cette campagne, si l'on songe qu'il fallut faire passer des troupes et hisser des pièces d'artillerie lourde sur des sommets de deux à trois mille mètres d'altitude, au milieu des neiges et des glaciers, et, dans ces conditions, chasser l'ennemi de positions qu'il avait installées à loisir depuis des années et rendues comme inexpugnables.

LA BATAILLE DE CHAMPAGNE

La fin de septembre 1915 marque l'heure glorieuse entre toutes de notre grande tentative, qui fut bien près de réussir, de rupture du front allemand.

Le 23 et le 24, une préparation intensive d'artillerie a lieu. Le 25, à la même minute, 9 heures et demie, une vague d'assaut, que d'autres suivront, sort de nos tranchées, sur une longueur de 25 kilomètres, que jalonnent Souain, Perthes, Massiges, Tahure, Beauséjour. La première ligne des tranchées allemandes est recouverte, presque sans difficulté. La seconde l'est également, par un nouvel effort, plus pénible. Mais, derrière, il y en a une troisième, que notre bombardement n'a pu raser suffisamment à l'avance. Les sursauts de la lutte se prolongent jusqu'au 5 octobre. Nous avons fait 25 000 prisonniers; notre gain de terrain est d'une quarantaine de kilomètres carrés; et le dogme de l'inviolabilité du front ennemi est, au moins, fortement ébranlé.

Une autre grande offensive est exécutée concurremment, au même instant précis, avec le concours des

Anglais. C'est la troisième bataille de l'Artois, qui se déroule du 25 au 27 septembre, sur des lieux dont les noms sont déjà connus pour la plupart : Souchez, Notre-Dame-de-Lorette, Vimy, La Bassée, Loos, Carleul. Notre élan n'est pas moins irrésistible qu'en Champagne. Nous dominons la plaine de Lens, et Lille est à

Tranchées allemandes bouleversées par le feu de l'artillerie. Entonnoir produit par l'explosion d'une mine.

notre portée. Il faut nous borner aux résultats acquis, à cause du mauvais temps et des renforts que l'ennemi a pu faire venir de Belgique.

Ces deux attaques simultanées n'en forment en réalité qu'une seule sur deux points différents, et c'est le fait d'armes le plus important de l'automne de 1915.

DANS LES BALKANS

Un événement grave assombrit la fin de 1915. Deux fois, la Serbie avait repoussé glorieusement l'assaut des Autrichiens. Elle devait succomber à une troisième

Paysans serbes fuyant devant l'ennemi.

agression où deux grandes nations s'aidèrent encore d'un complice sournois, la Bulgarie, pour égorger un petit peuple. Le 9 octobre, les Austro-Hongrois et les Allemands, conduits par Mackensen, franchirent le Danube. Le 13, les Bulgares, sans déclaration de guerre, attaquèrent de flanc. Les Serbes firent face de tous côtés à plusieurs reprises. Obligés de reculer sans cesse, ils essayèrent de donner la main au corps expéditionnaire franco-anglais, débarqué à Salonique dans le commencement du mois. Mais cette aide arrivait trop tard

L'armée serbe dut passer en Albanie. Le secours combiné des Italiens et de la flotte anglo-française permit de la transporter de là dans l'île de Corfou, où elle se reforma.

La résistance serbe avait duré jusqu'aux derniers jours de décembre 1915. Dans la seconde semaine de janvier 1916, le Montenegro, à son tour, succombait.

Lorsque sa présence en Serbie n'eut plus de raison d'être, le corps expéditionnaire des Alliés se replia sur Salonique. Il n'était encore, à ce moment, que d'un médiocre effectif. D'importants renforts en firent une puissante armée, et Salonique devint une place et un camp retranché de premier ordre, que ni les Austro-Allemands, ni les Bulgares n'osèrent attaquer.

VERDUN

L'année 1916 restera mémorable par la résistance victorieuse de Verdun.

On avait réservé au kronprinz d'Allemagne la réussite, dont on était certain, de ce plan d'une belle envergure : prendre Verdun; à la suite, faire la grande trouée dans la ligne française, et recommencer la marche d'août 1914 sur Paris.

Tous les moyens avaient été réunis pour obtenir ce résultat. Le 21 et le 22 février 1916, un bombardement d'une violence telle qu'on n'avait jamais encore rien vu ni imaginé de semblable, pulvérisa nos retranchements. Les Allemands pensèrent qu'ils n'avaient plus qu'à avancer. Ils furent accueillis par le feu de notre artillerie et de nos mitrailleuses. Cependant, on cédait devant eux, méthodiquement, vendant plus cher qu'il ne

valait le moindre avantage. La surprise de l'ennemi se
changea en rage; il reprit brusquement sa tactique
brutale des masses profondes. Avec un stupide entête-
ment, le kronprinz lança, sans se lasser, contre nous
ses troupes sacrifiées en pure perte. Un régiment bran-
debourgeois réussit à pénétrer, le 26, dans le fort de

Dans les tranchées, autour de Verdun.
Un dépôt de torpilles aériennes.

Douaumont; ce fut tout, et il devint évident que
Verdun, n'ayant pas été pris au bout d'une semaine,
comme le kronprinz s'en flattait, ne le serait jamais.

La folie furieuse de ces attaques sembla, vers la fin
d'avril 1916, se calmer un peu. Elle eut une recrudes-
cence le mois suivant. Du 4 au 30 mai, une vingtaine
de divisions allemandes furent successivement jetées
contre le Mort-Homme et la cote 304, sur la rive
gauche de la Meuse : le seul résultat fut la prise de

quelques positions avoisinantes. Sur la rive droite, les
ruines de Douaumont, les fossés du fort de Vaux
étaient, pendant ce temps, le théâtre de sanglants
combats. L'ennemi réussit à isoler le fort de Vaux et à
le couper de toutes communications avec nos lignes;
enfin le 7 juin, il s'en rendit maître, après un effroyable

Les abords du fort de Souville dont les plus furieuses attaques
de l'ennemi n'ont jamais pu venir à bout.

bombardement. Par la chute de Douaumont et de
Vaux, une brèche assez large était pratiquée dans la
première ceinture de la défense de Verdun. Les Allemands avaient maintenant devant eux l'ouvrage de
Thiaumont et le fort de Souville, qui font partie de la
seconde ceinture. Ils s'y brisèrent une première fois,
après deux mois d'acharnement, le 50 juillet, et, définitivement cette fois, le 29 septembre. A ce moment,
l'on peut dire enfin que la tentative sur Verdun est
abandonnée. D'ailleurs, à cette heure, la bataille de la

Somme donnait, depuis longtemps, d'autres préoccupations à l'état-major allemand.

Le 24 octobre, une vague d'assaut partit de nos tranchées, enleva d'un seul élan le fort de Douaumont, et rejeta l'ennemi presque jusque sur ses positions du début de la bataille. Ce jour-là, en quatre heures, nos troupes anéantirent toute l'œuvre à laquelle l'Allemagne avait sacrifié, pendant huit mois, un demi-million de ses meilleurs soldats.

La réoccupation du fort de Vaux, qui survint le 2 novembre, mit l'achèvement à la victoire de Verdun.

LA BATAILLE DE LA SOMME

La bataille de la Somme commença le 1er juillet 1916 et fut menée en coopération constante par l'armée française et l'armée anglaise, dont les lignes respectives avaient leur point de jonction sur les rivières de l'Ancre et de la Somme.

L'offensive anglaise se heurta d'abord contre des organisations formidables défendues avec un acharnement inouï; c'est sous des trombes de fer et de feu qu'elle enleva une dizaine de villages sur la route de Bapaume.

Quant aux troupes françaises, leur premier bond les mena jusqu'à Biaches, faubourg de Péronne. Un territoire d'environ 80 kilomètres carrés se trouva repris en peu de temps; il continua à s'accroître en août et dans les mois qui suivirent. Les 25 et 26 septembre, l'armée anglo-française emporta Combles, centre de la résistance allemande. La mauvaise saison n'interrompit pas les engagements presque quotidiens.

La bataille de la Somme a inauguré la nouvelle méthode d'une poussée méthodique, incessante, assurant un progrès continu et qui reste acquis. Le résultat merveilleux de cette longue série d'opérations s'est manifesté, du 17 au 24 mars 1917, par un brusque repli de l'armée allemande qui, en faisant tomber entre nos mains Bapaume, Péronne, Chaulnes, Roye, Ham, Lassigny, Noyon, Chauny, Tergnier, libéra d'un seul coup environ 2400 kilomètres carrés, c'est-à-dire plus d'un neuvième du territoire français alors occupé par l'ennemi.

GORIZIA

Pendant toute l'année 1915, les Autrichiens n'avaient su que profiter des insurmontables obstacles naturels qui les protégeaient contre les Italiens.

Ils réunirent une masse de choc de plus de 500 000 hommes, et, le 15 mai 1916, ils débouchèrent par le Trentin et prirent pied sur le plateau des Sette Comuni. A la fin du mois, ils étaient maîtres des villes importantes d'Arsiero et d'Asiago.

A ce moment, la situation des Italiens parut assez critique. L'ennemi était parvenu sur les pentes qui mènent sans obstacle à la plaine de Vicence, et, au delà, celle de Venise. S'il réussissait à s'y infiltrer, l'armée italienne opérant sur l'Isonzo courait risque d'être coupée et enveloppée, et toute la Vénétie tombait au pouvoir des Autrichiens. Le général Cadorna tint tête sur la dernière barrière de montagnes, puis exécuta une attaque audacieuse au nord des Sette Comuni.

Dès cet instant, le plan des Autrichiens était voué à un échec complet. Ils le comprirent et se résignèrent à la retraite. Le 26 juin, Arsiero et Asiago étaient reconquis.

En août, les Italiens prirent l'offensive sur un autre point. Le 9, ils entrèrent à Gorizia.

Colonne de Bersagliers sur les Alpes Dolomitiques
à 2000 et 3000 mètres de hauteur.

Dans les mois qui suivirent, des progrès furent accomplis sur le plateau du Carso, qui commande la route de Trieste.

LES RUSSES EN 1916

Après les événements de 1915, qui avaient mis aux mains des Allemands une partie de la Courlande et de ia Pologne, Hindenburg se vantait de reprendre sa

Transport de munitions vers la rivière Sereth au sud de Brody.

marche, une fois l'hiver passé, soit sur Pétrograd, soit sur Moscou. Tout au contraire, au printemps de 1916, une série d'opérations heureuses donna de l'air aux lignes russes devant Riga, Jacobstadt, Dwinsk, et dans la région du lac Narotch. Mais le principal effort du général Broussiloff et de ses lieutenants se porta sur le sud de la Pologne et sur la Bukovine. Des combats eurent lieu au début de juin entre les rivières du Stockhod et du Styr, qui se terminèrent tous par des désastres infligés aux forces austro-allemandes; le moindre leur coûta des prisonniers par dizaines de milliers et des canons par centaines. Les Russes reprirent Loutsk le 8 juin, Czernowitz le 17 juin, Brody le 28 juillet, Stanislau le 10 août.

Mais ce furent là les derniers réels faits d'armes des Russes.

L'ARMÉE DE SALONIQUE

Au mois de juillet 1916, les Bulgares marquèrent une velléité d'offensive contre les armées alliées déployées en éventail devant le camp retranché de Salonique. Ils s'emparèrent de la petite ville de Florina. Ils voulaient, de ce côté, tourner notre aile gauche et prendre le contact des troupes du roi de Grèce, avec qui ils avaient de secrètes intelligences. Cet essai de mouvement enveloppant fut vite arrêté.

Le 18 septembre, les Français chassèrent de Florina les Germano-Bulgares. L'armée serbe, qui s'était mise en mouvement à peu près à la même époque, remporta de très brillants succès, à la fin de septembre et en octobre, dans la région du mont Kaimackalan. Elle préparait ainsi l'encerclement de Monastir qui tomba le 20 novembre entre les mains des Français et des Serbes. Le prince héritier de Serbie, Alexandre, y fit son entrée triomphale; c'était, pour les Serbes, le commencement de la reprise de possession de leur patrie.

Les Italiens, maîtres de Vallona, après s'être établis solidement dans le sud de l'Albanie, avaient opéré leur jonction avec l'aile gauche de l'armée de Salonique. La barrière était ainsi hermétiquement fermée.

LA ROUMANIE

Tout portait la Roumanie à se ranger dans le parti des Alliés. Elle ne pouvait, sous peine d'anéantissement, tolérer à côté d'elle une Bulgarie prépondérante dans les Balkans. Elle se devait à elle-même d'arracher au joug autrichien une province presque uniquement peuplée de ses nationaux, la Transylvanie. Mais sa situation géographique lui commandait la prudence. Elle s'appuyait à l'Est, il est vrai, sur la Russie, mais de tous les autres côtés, elle se trouvait étroitement enveloppée par les Austro-Allemands et par les Turco-Bulgares. Elle attendit jusqu'à la fin d'août 1916. Ou plutôt, elle fut alors

Un cavalier roumain en sentinelle au bord du Danube.

acculée à prendre une détermination par la pression qu'exercèrent sur elle les Empires centraux qui, à cause des ressources qu'elle offrait, l'auraient avant peu sommée de se joindre à eux de gré ou de force.

Dès les derniers jours d'août, l'armée roumaine pénétrait sur le territoire hongrois. Grâce à l'effet de surprise de sa brusque attaque et à la vaillance de ses soldats, elle s'emparait rapidement de Brasso et de Sibiu, en Transylvanie, et d'Orsova, sur le Danube.

Mais les Empires centraux, réduits à l'impuissance sur tous les autres fronts, ne pouvaient manquer d'essayer de saisir l'occasion d'une victoire dont ils avaient besoin pour restaurer leur prestige baissant à l'intérieur aussi bien qu'à l'extérieur; et ils massèrent toutes leurs forces disponibles pour les jeter contre un adversaire plus faible qu'il serait aisé d'écraser, comme ils avaient fait de la Serbie et du Montenegro.

Leur premier effort se porta au sud du Danube, en Dobroudja Le 8 septembre, Mackensen était à Silistrie, et, dans le courant du mois, il progressait rapidement jusqu'aux lignes de la défense de Konstantza, le port de la Roumanie sur la Mer Noire. Mais là, les Roumains lui infligeaient une défaite sanglante, le 20 septembre. Ils gardèrent l'avantage jusque vers le milieu d'octobre. A ce moment, Mackensen, avec des forces considérables, les obligea à se replier. Konstantza tomba le 24 octobre.

Pendant ce temps, de septembre à octobre, Falkenhayn attaquait sur la frontière de Transylvanie. Le 7 octobre, les Roumains durent abandonner leurs conquêtes du début pour se replier sur les montagnes. Ils s'y maintinrent un mois encore. Ce ne fut que le 15 novembre qu'ils commencèrent à céder le terrain. Dès lors, l'invasion put progresser plus rapidement, grâce à une écrasante supériorité d'armement. Pour ne pas être enveloppée et détruite, l'armée roumaine laissa les Germano-Bulgares entrer dans Bucarest, le 5 décembre, et continua sa retraite sur la frontière de Bessarabie.

Le 7 janvier 1917, Falkenhayn était à Braïla, à peu de
distance du Danube. L'armée de la Dobroudja, malgré
d'éclatants succès sur Mackensen, dut suivre le mouvement de recul.

Toute la partie sud de la Roumanie, la Valachie et la
Dobroudja, était perdue. Mais, finalement, les Empires
centraux se virent frustrés du riche butin sur lequel ils
avaient compté. En se retirant, les Roumains avaient
eu l'héroïsme de détruire pour la plus grande partie les
immenses quantités de blé amoncelées dans leurs gre-
niers, d'incendier leurs réservoirs de pétrole, de rendre
leurs puits pétrolifères inutilisables pour un temps
inappréciable.

EN ASIE

Dès la fin d'octobre 1914, la Turquie s'était laissé
entraîner dans la guerre. Le rôle qu'elle y joua a été à
tout moment désastreux pour elle.

Si le coup de main de novembre 1914 sur les Darda-
nelles ne réussit point, cela ne fut pas dû à la valeur
de l'armée turque, même encadrée d'officiers et de
soldats allemands; c'est que l'entreprise se heurtait à
des difficultés insurmontables, et aussi qu'elle avait été
trop hâtivement conçue.

Toute l'année 1915, dans le Caucase, une suite inin-
terrompue de succès russes fut une préparation des-
tinée à aboutir dès que le grand-duc Nicolas prendrait
en main la direction de la campagne. La capitale de
l'Arménie, Erzeroum, défendue par de nombreux forts,
protégée par sa situation dans des montagnes inacces-
sibles, fut enlevée de haute lutte dans le courant de
février 1916. Un assaut de la même foudroyante rapi-

dité mit aux mains des Russes, le 19 avril 1916, Trébizonde, le grand port sur la Mer Noire. Erzindjan eut un sort analogue en juillet 1916. Toute l'Arménie était conquise, depuis le rivage de la Mer Noire jusqu'aux

Un convoi d'automobiles traversant une rivière au Caucase.

frontières de la Perse où les Ottomans s'étaient glissés et d'où ils se virent chassés en mai 1917.

Le 21 novembre 1914, les Anglais, partis du golfe Persique, avaient occupé Bassorah et étaient arrivés, en novembre 1915, à Ctesiphon, distant de Bagdad d'une quarantaine de kilomètres. Mais ils durent se replier sur Kut-el-Amara, bourgade protégée par une série de boucles du Tigre. Le général Townsend y tint cent quarante-trois jours; privé de vivres, dans l'impossibilité d'être secouru à cause d'une inondation, il dut se rendre le 28 avril 1916.

Mais la campagne reprit, la mauvaise saison passée. Le général Maude rentra, le 24 février 1917, dans cette importante position de Kut-el-Amara, après de brillantes opérations stratégiques. La poursuite de l'ennemi, vivement menée, trouva les lignes de Ctesiphon abandonnées. Bagdad, la ville des califes, élue par le kaiser pour être la capitale de son domaine oriental, fut occupée le 11 mars.

Après l'échec de ridicules tentatives turques contre le Canal de Suez, les Anglais prirent pied sur les limites de la Syrie. Aux premiers jours d'avril 1917, une défaite signalée mit les Turcs sur le point de perdre la ville de Gaza, au seuil de la Palestine.

En Arabie, le chérif de la Mecque, représentant de la pure tradition musulmane, expulsa, le 13 juin 1916, les troupes ottomanes de la ville sainte de la Mecque et proclama l'indépendance du peuple arabe.

SUR MER

Il n'y a pour ainsi dire pas eu de véritable guerre maritime, le combat ayant toujours été esquivé autant par la flotte allemande que par la flotte autrichienne, malgré la puissance appréciable ou considérable de l'une ou de l'autre.

Il n'y a guère à tenir compte de l'équipée du *Gœben* et du *Breslau* qui, le 4 août 1914, lancèrent quelques bombes sur Bône et Philippeville, puis allèrent se mettre sous la protection de la Turquie, non encore belligérante. Au même mois, une démonstration autrichienne eut lieu dans l'Adriatique; elle coûta deux croiseurs à l'ennemi, qui se réfugia vite à Pola et dans les bouches de Cattaro, d'où il n'est plus sorti. Le repaire des Allemands est au canal de Kiel: par deux fois seulement leurs escadres s'en éloignèrent quelque peu. La première tentative se termina par le désastre du Dogger Bank, le 24 janvier 1915. La seconde aboutit à un nouveau désastre encore plus caractérisé : c'est la bataille du Jutland, 31 mai 1916.

Quelques unités navales allemandes, qui croisaient

Une escadre de dreadnoughts anglais.

dans les mers lointaines au moment de la déclaration de guerre, ont été successivement détruites.

Mais la réalité est que les flottes de l'Entente n'ont pu affirmer que rarement leur supériorité, faute d'un adversaire devant elles.

LES COLONIES ALLEMANDES

Lorsque Bethmann-Hollweg parla de la carte de la guerre et se vanta des gages territoriaux que l'Allemagne tenait entre ses mains (jusqu'au moment où elle ne les tiendrait plus), il oubliait ou feignait d'ignorer que toutes les colonies allemandes étaient tombées au pouvoir des Alliés, sans aucune chance d'en sortir. Or l'Allemagne ne plaçait-elle pas son avenir économique dans sa colonisation?

Le dreadnought anglais *Iron-Duke* jaugeant 26 400 tonnes
et portant une artillerie formidable.

En Asie, le Japon, notre allié de la première heure, avait commencé le 20 août et terminé le 7 novembre 1914 la conquête de Kiao-Tcheou, où le kaiser ne voyait rien moins qu'un commencement de mainmise sur la Chine.

En Afrique, il avait rêvé la création d'un vaste empire qui, embrassant tout le centre de ce continent, de l'Atlantique à l'Océan Indien, ne laisserait, et seulement à titre provisoire, aux autres nations que les rivages de la Méditerranée et la pointe de l'extrême Sud. D'immenses amorces de cet empire existaient; il n'en reste plus une.

Le Togoland capitula entre les mains des Anglais et des Français dès la fin d'août 1914. Le Kameroun tomba sous les attaques des Français, des Belges et des Anglais, d'août 1915 à janvier 1916. Du 18 novembre 1914 au 12 mai 1915, les Boers, commandés par le général Botha, s'emparaient du Sud-Ouest Africain allemand. L'Afrique Orientale allemande fut conquise d'avril à septembre 1916 par les Anglais et les Belges, et par les Portugais, qui s'étaient joints à l'Entente en mai 1916.

Dans l'Océan Pacifique, les îles Samoa, la Nouvelle-Guinée allemande, les îles Carolines, Mariannes, Marshall, l'archipel Bismarck, avaient subi le même sort dans les trois premiers mois de la guerre.

L'OFFRE DE PAIX

La fin de l'année 1916 vit un événement singulier. Le 12 décembre, l'Allemagne, qui se prétendait victorieuse, se mit à parler de paix. De tout temps, ce sont ceux qui s'avouent vaincus qui demandent la paix. L'Allemagne ne la demandait pas, elle l'offrait, elle proposait « d'entrer dès à présent en négociations... ». Les Alliés répliquèrent par une fin de non-recevoir, d'ailleurs explicitement motivée.

Le 18 décembre, le Président Wilson adressait aux belligérants des deux partis une note préparée depuis quelque temps déjà, où il suggérait aux nations en guerre d'exposer publiquement les conditions auxquelles elles accepteraient de cesser les hostilités.

La France et ses Alliés répondirent par une déclaration très nette de leurs « buts de guerre ». Destruction du militarisme allemand, restauration pleine et entière de la Belgique et du Luxembourg, de la Serbie et du Montenegro, libération des nationalités opprimées depuis quelque temps que ce soit, telles que l'Alsace-Lorraine, la Pologne, les populations italiennes et slaves tenues sous le joug austro-hongrois, réparation de tous les dommages causés, sûretés pour l'avenir, telles étaient les grandes lignes de cette réponse.

Les Empires centraux et leurs acolytes se contentèrent d'objecter que les « échanges de vues devaient s'effectuer entre les seuls belligérants ». De leurs prétentions, pas un mot.

Il n'y a pas à s'arrêter aux intentions perfides qui inspirèrent la manœuvre allemande. Le fait est celui-ci : l'Allemagne aurait voulu discuter la paix au lieu de se la voir dicter.

LES SOUS-MARINS
LES ÉTATS-UNIS ET LA CHINE

L'Allemagne sembla mettre son espoir suprême en la guerre sous-marine. Le submersible devait facilement devenir entre ses mains une arme sournoise et criminelle dont elle a fait usage sans jamais être gênée par aucune des lois de l'humanité. Le plus fameux et le plus sinistre exploit des sous-marins est le torpillage du paquebot *Lusitania*, qui coûta la vie à plusieurs centaines de non belligérants, des femmes et des enfants. Un certain nombre de bâtiments de toute espèce, appartenant d'ailleurs à toutes les nations, furent coulés de même. Mais, finalement, ces pertes n'atteignent qu'à un tonnage comparativement restreint, et le trafic des Alliés entre eux ou avec les neutres n'en a pas été

Le sous-marin allemand *Deutschland* quittant **New York** et prêt à plonger.

sérieusement compromis, tandis que le commerce allemand a été, dès le début, entièrement supprimé de la surface des mers.

Pour répondre au blocus effectif des Alliés, qui devait peu à peu la réduire à la famine absolue, l'Allemagne, le 2 février 1917, proclama la guerre sous-marine à outrance, s'arrogeant le droit de couler sans avertissement, et sans nul souci de la vie des équipages, les navires, neutres ou non, surpris dans une zone de navigation autour des côtes d'Angleterre, de

France et d'Italie. Toutes représentations furent vaines :
il s'agissait, aveu significatif, d'une question de vie ou
de mort pour l'Allemagne.

Les États-Unis, le 5 février, se décidèrent à la rupture des relations diplomatiques. Plusieurs navires
américains ayant été torpillés dans le courant de mars,
l'état de guerre exista de fait entre les États-Unis et
l'Allemagne. La guerre fut déclarée officiellement par
le Congrès de Washington le 6 avril 1917.

La Chine, bien que moins directement intéressée,
mais pour protester contre cette abominable violation
du droit des gens, avait également rompu avec l'Allemagne, à la date du 14 mars 1917.

VIMY ET MESSINES

Après le repli allemand de la fin de mars 1917,
l'armée anglaise fit sentir son action entre Saint-
Quentin et Cambrai. Le canal de l'Escaut à la Somme
fut atteint le 24 avril et des opérations fructueuses
furent dirigées en avril et mai contre la ligne Hindenburg à son extrémité inférieure, vers Quéant.

Mais les succès les plus importants furent obtenus
au-devant d'Arras. Le 10 avril 1917, la falaise de Vimy,
qui domine toute la plaine de Lens et de Douai, fut
escaladée, malgré de formidables défenses. Le 14 avril,
Liévin, l'un des boulevards de Lens, tombait au pouvoir de nos Alliés. L'encerclement de Lens fut terminé
au milieu d'août. Au sud-est d'Arras, qui fut largement
dégagé à l'Est, le fait d'armes le plus remarquable fut
l'assaut victorieux de Mouchy-le-Préux, le 11 avril 1917.

Du côté d'Ypres, le désastre infligé aux Allemands
à Messines, les 7 et 8 juin 1917, leur coûta une large

bande de territoire belge, qui fut progressivement agrandie le 31 juillet, le 16 août et le 26 septembre.

Le 20 novembre, une tentative de grand style fut exécutée contre Cambrai. Elle réussit pleinement, grâce à l'emploi intensif des chars d'assaut (les *tanks*) et

Un tank.

creva tout un secteur de la ligne Hindenburg. Malheureusement, cet avantage ne put être poussé plus **loin**, ni entièrement maintenu, faute d'une organisation **suffisante** du terrain conquis.

LE CHEMIN DES DAMES ET VERDUN

L'offensive française de 1917 dans la vallée de l'Aisne commença le 16 avril sur un développement de près de 80 kilomètres. Le 17, nos troupes s'emparèrent des crêtes de Moronvilliers, à l'est de Reims, et, le 18, occupèrent Auberive. Mais le principal objectif était, dans la zone entre Soissons et Reims, le plateau de

Craonne et le Chemin des Dames. Le 16 et le 17 avril, les Allemands furent débusqués des falaises de l'Aisne où ils se terraient depuis la bataille de la Marne, puis refoulés sur le plateau dont nous nous rendîmes maîtres en partie; du 17 au 20, sur la gauche, Soissons était dégagé par la réduction du saillant de Vailly; Condé,

Plateau de Craonne au Chemin des Dames.
Poste de commandement défilé.

Chavonne, Braye tombaient entre nos mains. Les Allemands durent opérer leur retraite sur le Chemin des Dames, où nous prîmes pied, le 4 mai, par la conquête de Craonne. Après avoir, cinq mois, tenu tête à de furieuses contre-attaques, le 23 octobre les Français enlevèrent d'assaut le fort de la Malmaison. et rejetèrent l'ennemi jusque sur la rive droite de l'Ailette. La possession du plateau de Craonne et des hauteurs que parcourt le Chemin des Dames mit er notre pouvoir les débouchés sur la plaine où Laon se dresse, à trois lieues au plus.

Dans le secteur de Verdun, de juillet à septembre 1917, les Allemands essuyèrent une série de défaites. Nous leur enlevâmes successivement la cote 504, le Mort-Homme, le bois des Corbeaux, la côte de l'Oie, Samogneux, le Chaume, Bezonvaux. Verdun recouvrait ses lignes de défense les plus avancées.

EN ITALIE

Dans le but de donner de l'air à Gorizia, que foudroyaient les batteries autrichiennes des monts Santo, San Gabriele et San Daniele, les colonnes italiennes se lancèrent, le 14 mai 1917, à l'assaut du Monte Cucco, dont l'occupation leur permit de prendre à revers le Monte Santo. Le 19 août, elles chassèrent du plateau de Bainsizza l'ennemi qui s'y était retranché, et les pentes du Santo furent escaladées ; du 1er au 6 septembre, ce fut le tour du San Gabriele.

Au sud du Carso, qui commande Trieste, la victoire de Jamiano, 23 mai 1917, et d'autres combats heureux jusqu'aux premiers jours de septembre, donnèrent aux Italiens une avance considérable.

Une fois de plus, l'Autriche inquiète eut recours à ses alliés. Une furieuse attaque austro-allemande, qui se déchaîna le 23 octobre 1917, ne réussit que trop, par suite du fléchissement de quelques corps italiens. Elle submergea simultanément les plateaux du Carso et de Bainsizza. Gorizia dut être sacrifiée. Il fallut repasser l'Isonzo, évacuer Cividale, Udine, se replier, le 1er novembre, derrière le Tagliamento ; le 7, derrière la Livenza ; abandonner Bellune. le 10. On craignit pour

Venise. La manœuvre des ennemis consistait à forcer le passage des fleuves à leur sortie des montagnes pour obliger les Italiens à renoncer à en défendre le cours inférieur; elle comportait aussi une diversion de flanc par le Trentin. Le Piave était la dernière barrière possible. Les Italiens surent la maintenir, comme aussi déjouer toute attaque sur le plateau des Sette Comuni.

Dans des circonstances aussi critiques, les Alliés de l'Italie lui offrirent leur concours. Le 5 décembre 1917, un corps franco-anglais était en ligne. Le 1er janvier 1918, un bataillon français enleva de vive lutte, en quelques heures, le Monte Tomba, et peu de jours après, les Austro-Allemands repassèrent le Piave qu'ils avaient réussi à franchir sur quelques points. Dès lors, le front Italien était stabilisé, et la Vénétie sauvée.

LA RÉVOLUTION RUSSE

Des causes diverses, les unes lointaines, d'autres immédiates et ayant trait à la guerre, amenèrent la révolution russe. Le 11 mars 1917, la Douma (Chambre des députés), ajournée, refusa de se séparer ; le peuple et l'armée adhérèrent au mouvement. Le 15 mars, le tsar abdiqua.

Le gouvernement provisoire, issu de la Douma, et dont Kerenski était le chef, proclama sa résolution de continuer la lutte jusqu'à la victoire totale. Malheureusement, un autre pouvoir, sans mandat, ne tarda pas à s'installer : le Soviet, ou Comité des délégués des ouvriers et des soldats, qui ne comptait pas moins de 3500 membres. Le Soviet promulgua une sorte de Déclaration des droits du soldat, dont le résultat fut, à bref délai, la désorganisatiou complète de l'armée. Des officiers furent massacrés ; les soldats, ne voulant plus se battre, désertaient ; les autres fraternisaient avec l'ennemi. Une attaque allemande n'eut aucune peine à triompher sur le Stockhod, le 5 avril 1917.

Un moment, Kerenski réussit à réveiller dans quelques corps de troupes le sentiment du devoir envers la patrie. Broussilof put exécuter une offensive en Ga-

Révolution russe : barricade dans une rue.

licie, le 1er juillet 1917, et battre les Allemands près de Brzezany. Kornilof, qui lui succéda dans le commandement, prit Halicz le 9 juillet, Kalusz le 11, Novitza le 16. Mais ces succès avaient été chèrement achetés. Les officiers, pour entraîner leurs hommes, s'étaient fait tuer en masse. Tout l'élément sain disparaissait avec eux, et la propagande du Soviet accentuait ses funestes effets. L'armée russe fondait pour ainsi dire, se débandait sans coup férir. Du 19 juillet au 5 août, la Galicie, la Bukovine même furent perdues. En septembre, les Allemands attaquèrent au Nord, et ne trouvèrent plus

rien devant eux. Le 3, ils occupèrent Riga et, le 21,
Jacobstadt. En octobre, ils achevèrent la conquête de
la Livonie.

Dès ce moment, les Russes cessent d'être des belligérants. Les Turcs mêmes leur reprirent l'Arménie.

EN GRÈCE

Derrière nos lignes établies de Salonique à Vallona,
l'attitude du roi Constantin continuait à causer cer-
taines inquiétudes. Il serait trop long de rapporter ici
toutes les duplicités criminelles dont il se rendit cou-
pable. On ne peut cependant passer sous silence
l'attentat du 1er décembre 1916 où nos marins furent
massacrés dans les rues d'Athènes. Un blocus rigoureux
fut établi pour obtenir réparation de ce forfait et rendre
impossible une trahison sur les derrières de l'armée de
Salonique.

Un gouvernement provisoire, représentant les vérita-
bles aspirations nationales, s'installa à Salonique, sous
la présidence de Venizelos, et une petite armée de
volontaires vint se ranger à côté des troupes de l'Entente.

Cependant le digne beau-frère du kaiser persistait
dans ses menées sournoisement ou même insolemment
hostiles. Le 12 juin 1917, les Puissances protectrices de
la Grèce le mirent en demeure d'abdiquer et de
s'éloigner d'un pays dont il méconnaissait la volonté.
Le second de ses fils, Alexandre, fut désigné pour
régner à sa place.

Venizelos rentra de Salonique à Athènes, reprit la
direction des affaires, rappela les Chambres qui avaient
été illégalement dissoutes, et déclara la guerre aux

Empires centraux et à leurs acolytes. Désormais **nous** n'avions plus seulement avec nous quelques **divisions** helléniques, mais toute l'armée reconstituée.

Nos troupes de Salonique dégagèrent complètement Monastir au milieu de mars 1917 et marquèrent des progrès, du 24 au 30 avril 1917, près du lac Doiran, le

Un groupe de mitrailleurs au repos sur le haut
de la Citadelle d'Athènes.

5 mai, sur la Ljumnica, du 8 au 13 septembre, **dans la** région de Mumalista.

A BAGDAD ET EN PALESTINE

L'armée anglo-hindoue consacra toute la saison **de** 1917 à étendre ses conquêtes autour de Bagdad. Le 1er avril, un succès à Deli-Abbas et, le 27, l'occupation de Samarra rejetèrent les Turcs à une centaine **de** kilomètres dans l'Est et dans le Nord. Le 28 septembre, la victoire de Ramadieh les repoussa à 60 kilomètres à l'Ouest. Une nouvelle victoire à Tekkrit, le 8 novembre, doubla l'avance vers le Nord. Enfin, le 26 mars 1918, un dernier fait d'armes des Anglais à Hit consomma le désastre turc en Mésopotamie.

En Palestine, Gazza et Jaffa furent occupés au mois de novembre 1917. Le 9 décembre, Jérusalem, tournée de toutes parts, fut évacuée par l'ennemi. Le 21 février 1918, la prise de Jéricho consolida la conquête de la Palestine.

Le 20 septembre 1918, les forces alliées, composées d'Anglo-Égyptiens, d'Arabes du Hedjaz et de contingents français, entrèrent à Nazareth et, s'étant emparé des passages du Jourdain, coupèrent les Turcs de leurs lignes de retraite.

Troupes anglaises traversant Bagdad.

Le 23, deux armées ennemies étaient anéanties; leur général, l'Allemand Liman von Sanders, s'enfuit. Caïffa et Saint-Jean d'Acre ouvrirent leurs portes le 26; Damas, capitale de la Syrie, le 3 octobre. Le 8, une division navale française prit possession de Beyrouth, où l'influence de la France, depuis des siècles, équivaut presque à un protectorat.

LA DÉFECTION MAXIMALISTE

Le gouvernement provisoire s'étant montré impuissant à rétablir la discipline dans l'armée, le général Kornilof tenta un coup d'État militaire pour établir une dictature, d'où le salut pouvait venir. Il marcha sur Pétrograd, le 10 septembre 1917. Kerenski commit la faute de s'appuyer sur le Soviet et fit échouer le projet de Kornilof. Mais il fut lui-même renversé par une insurrection qui, le 7 novembre, mit le pouvoir aux mains des Maximalistes; les chefs de cette faction étaient Lénine et Trotsky; un adjudant, Krylenko, devint généralissime. Pétrograd et les autres villes furent livrées pour des mois au massacre et au pillage. Bientôt ce fut le démembrement de la Russie. La Finlande proclama son indépendance; l'Ukraine se constitua en république; il se forma des États d'Arkhangel, du Caucase, de Sibérie. La guerre civile s'alluma entre ces peuples qui s'étaient révélés incapables de soutenir la guerre nationale.

Pour obtenir la paix, les Maximalistes n'hésitèrent pas à trahir des alliés qui étaient entrés dans la lutte par fidélité à la cause slave. Des conférences s'ouvrirent à Brest-Litowsk en décembre 1917. Les exigences émises parurent inacceptables même à un Trotsky. Mais les Centraux traitèrent, le 8 février 1918, avec l'Ukraine. Trotsky rompit les négociations et se retira en déclarant simplement qu'il considérait la guerre comme terminée. Aussitôt l'Allemagne reprit la marche sur Pétrograd. Le gouvernement russe accepta alors, sans même en prendre connaissance, toutes les conditions imposées. Cette paix fut signée le 3 mars 1918.

LA DÉFECTION RUSSE LIVRE LA ROUMANIE

La défection russe enlevait à la Roumanie le point d'appui qui lui était nécessaire pour continuer la lutte. Après avoir, pendant dix-huit mois, tenu tête à des ennemis très supérieurs en nombre et en moyens d'action, la Roumanie se voyait désormais encerclée par les Allemands, les Autrichiens, les Bulgares, les Ukrainiens, enfin les Russes de Lénine, qui avaient eu l'infamie de lui adresser un ultimatum. Elle fut obligée de subir une paix lui enlevant la Dobroudja et les cols des Alpes de Transylvanie et la réduisant à un état de dépendance économique et politique.

CONDITIONS DE PAIX DE L'ENTENTE

Lors des premières séances de la conférence de Brest-Litowsk, les puissances centrales émirent la prétention que les pourparlers s'étendissent à tous les belligérants. L'Entente n'avait pas à tenir compte d'une semblable invitation qui, d'ailleurs, ne lui était pas directement adressée.

Mais, dans la quinzaine qui suivit, MM. Stéphen Pichon, en France, et Lloyd George, en Angleterre, prononcèrent l'un après l'autre d'importants discours, et, dans le même sens, devant le Parlement de Washington, M. Wilson lut un message où les conditions des Alliés se formulaient en quatorze articles. Ces conclusions, au reste, ne différaient pas de celles de décembre 1916, lorsque l'Allemagne s'était livrée à de premières insinuations de paix.

Restitution de l'Alsace-Lorraine à la France ; libération de la Belgique, de la Serbie et du Montenegro, et maintenant, de la Roumanie, avec réparation des dommages subis ; rectification des frontières de l'Italie ; restauration de la Pologne ; satisfaction des légitimes revendications des nationalités englobées malgré elles ; tous ces points devant être réglés par l'arbitrage de tous les participants.

Les vues des Empires centraux s'affirmèrent encore aussi diamétralement opposées que jamais. La paix générale qu'ils envisageaient n'était rien qu'une série de petites paix séparées, chaque intéressé ne traitant que pour son compte. De plus, cette prétention, que les questions de nationalités ne devaient relever que de la politique intérieure des États. L'Autriche, par exemple, restait maîtresse de ce qu'elle avait à exiger de la Serbie, et demeurait l'unique juge du bien-fondé des aspirations d'autonomie des Tchèques.

L'AIDE AMÉRICAINE

Il ne restait par conséquent, pour aboutir à une solution équitable et juste, d'autre moyen que la force des armes. Or, cette puissance supérieure du nombre et de l'armement, jusqu'alors le partage de l'Allemagne, passait du côté de l'Entente. L'Allemagne commençait à s'épuiser, malgré les apparences, ainsi qu'on le vit peu après. Au contraire, sur nos lignes, les soldats de France, d'Angleterre et de Belgique faisaient preuve d'une endurance dont rien ne pouvait lasser l'énergie. Des Portugais étaient venus se joindre à eux, puis des Italiens, un corps polonais, un corps tchéco-slovaque. Et les Américains arrivaient par masses.

C'est plus d'un million d'hommes que les États-Unis nous avaient envoyés aux premiers jours de juillet 1918. Six cent cinquante mille occupaient déjà leurs postes de combat, et beaucoup avaient reçu le baptême du feu en Champagne ou en Picardie. Chaque mois apportait de nouveaux effectifs; chaque jour un formidable matériel de guerre était débarqué, et les ressources inépuisables de la grande nation s'étaient mises tout entières au service de la cause de l'humanité. Cette force nouvelle rendait le triomphe final infaillible à une date quelconque, mais ne contribua pas peu à en hâter la venue.

LA BATAILLE DU KAISER

Avide de finir la guerre avant que l'Amérique fût prête à nous aider à lui asséner le coup suprême, le kaiser voulut jeter sur nous toutes ses forces du front occidental, accrues de celles que la débâcle russe venait de rendre disponibles. Ludendorf disposait ainsi d'une masse manœuvrière de 2.500 000 hommes, les réserves comprises, que la configuration divergente des lignes qu'il occupait lui permettait de porter sur un point déterminé avec une rapidité à laquelle, obligés de suivre l'arc de cercle, nous ne pouvions prétendre. Le caractère décisif que l'on entendait imprimer à la lutte avait inspiré à l'entourage de Guillaume II cette dénomination de Bataille du kaiser, ou même de Batailles du kaiser, car il était admis qu'une première tentative pourrait ne pas atteindre complètement le but; mais une seconde suivrait, et une troisième au besoin, qui l'atteindrait.

Le premier objectif de Ludendorf était de couper

l'armée française de l'armée anglaise, au point où elles se soudaient, mais imparfaitement, presque à angle droit, ayant l'Oise entre elles; de tourner l'armée française et de s'ouvrir la route sur Paris.

Le 21 mars 1918, les Allemands débouchèrent en trombe de Saint-Quentin, bousculèrent la 3e et la 5e armées britanniques, enlevèrent Tergnier le 22, pas-

Le bois de Hangart.

sèrent la Somme à Ham le 23, prirent Bapaume, Combles, Péronne, Nesle, Guiscard, Chauny le 24, et, le 25, Roye, Noyon, Albert. Leur avance avait été foudroyante, et elle était considérable.

Pour parer le coup, Pétain envoya en hâte un corps d'armée français, qu'il put rapidement renforcer par d'autres corps; le tout fut mis sous les ordres du général Fayolle. Celui-ci réussit à arrêter l'avalanche allemande au Mont-Renaud, au-dessous de Noyon et Lassigny, le 26 mars. Ludendorf essaya alors de passer plus à l'Ouest et alla s'emparer, le 27, de Montdidier.

Mais rencontrant partout, dès ce moment, une barrière solide, il renonça pour cette fois à la marche sur Paris et se retourna vers Amiens. La route était pour ainsi ouverte; le général anglais Carey put la leur fermer, avec des moyens de fortune. Dans les deux jours qui suivirent, la cohésion des armées alliées fut rétablie. Le 1er avril, le front était stabilisé.

Cependant, du 9 au 29 avril, Ludendorf fit encore un effort pour réaliser au moins cette partie de son plan qui consistait à détruire les bases des armées anglaises en faisant main basse sur les ports de la Manche. Il attaqua plus au nord, vers Armentières, qui tomba le 11 avril, et dans la direction de Béthune, d'Hazebrouck et d'Ypres. Mais il ne put aborder aucune de ces trois villes. Le 1er mai marqua la fin de l'offensive.

Ludendorf, en fin de compte, n'avait réussi ni à menacer effectivement Paris, ni à disjoindre nos armées des armées anglaises, ni à enlever à celles-ci leurs communications avec la mer. Il faut reconnaître cependant qu'il avait obtenu de grands résultats, et que tout le bénéfice territorial de la victoire de la Somme était momentanément perdu pour nous.

L'UNITÉ DE COMMANDEMENT

Mais si Ludendorff s'était senti subitement maîtrisé dans les derniers jours de mars, c'est que, le 26, avait eu lieu un événement qui devait changer la face des choses, pour le présent même, et plus encore pour l'avenir. Une conférence réunit à Doullens le ministre de la Guerre français, Clemenceau, et lord Milner, représentant le gouvernement britannique. En raison des circonstances particulièrement critiques où l'on se trouvait et pour éviter un désastre, il fut décidé que l'unité de commandement serait établi sur toutes les armées de l'Entente, et que ce commandement suprême serait attribué au général Foch. Des raisons multiples avaient retardé jusqu'à ce moment l'adoption de cette mesure qui, seule, pouvait permettre de mener la guerre à bonne fin. Et rien que pour avoir fait aboutir heureusement une question à ce point vitale, Clemenceau méritait d'être associé au triomphe maintenant proche et certain, si déjà l'œuvre admirable qu'il accomplissait depuis une année au Ministère ne lui eût amplement valu cet honneur.

2ᵉ ET 3ᵉ BATAILLES DU KAISER

Ludendorf ne bougea plus de presque tout le mois de mai, et ce mois fut employé à chercher à prévoir de quel côté il déchaînerait sa nouvelle offensive. Il y eut cependant surprise encore une fois. Nos positions du Chemin des Dames passaient pour imprenables et elles n'étaient garnies que de divisions au repos. Or ce fut là que l'attaque se produisit.

Le 27 mai, les Allemands prenaient pied sur le plateau de Californie. Le Chemin des Dames était ainsi débordé; la Malmaison, Vailly, Craonne, tombaient d'un seul coup. Le 28 mai, prise de Soissons; le 29, prise de Fère-en-Tardenois; le 30, prise de Château-Thierry. De Soissons, l'ennemi marchait sur Villers-Cotterets; il marchait sur Meaux à la fois par l'Ourcq et par la Marne. Mais la surprise ne pouvait donner plus. Foch, dans ces quelques jours, avait amené ses réserves, et les Allemands, à bout de souffle, durent s'immobiliser, le 4 juin.

La bataille eut ses derniers frémissements du 9 au 12 juin dans la région de Lassigny et dans le Soissonnais. Le 10 juin, une magistrale contre-attaque du général Mangin, à Méry, réduisit l'ennemi à l'impuissance.

Ludendorf fit encore une pause de quelques semaines avant de livrer sa troisième grande bataille. Son dessein était d'enlever Reims, Épernay, puis Châlons. Mais,

Pièce lourde américaine en batterie.

cette fois, toutes ses intentions avaient été percées à jour, et la surprise joua contre lui.

Dans la nuit du 15 au 16 juillet, comme les Allemands allaient s'élancer, un tir de contre-barrage préventif les ébranla. Ils partirent cependant, mais pour tomber dans le piège que leur tendait le général Gouraud; ayant emporté avec une facilité relative nos premières lignes, ils vinrent se briser sur les dernières. Le 17 juillet commença la réaction des armées françaises. Une attaque de flanc se dessina par le Soissonnais. Château-Thierry fut repris le 21 juillet; Fère-en-Tardenois,

le 28 ; Soissons, le 2 août. Deux jours après, l'ennemi
était refoulé jusqu'à l'Aisne. La troisième Bataille du
kaiser se terminait par un désastre.

De cette heure date la Défaite Allemande.

LES BATAILLES DE LA LIBÉRATION

Ludendorf aurait voulu prendre le temps de se
reformer ; mais pas un instant de répit ne lui fut laissé.
Foch avait dit : « Je les tiens ; je ne les lâcherai plus. »

Tanks partant à l'assaut.

Dès le 8 août, nos troupes s'ébranlent sur la Somme,
précédées de nuées de petits tanks qui sèment l'épouvante et le désordre dans les rangs ennemis. Mon.di-
dier est repris le 10 août ; Lassigny, le 22. Le même
jour, le massif de Saint-Gobain tombe entre nos mains :
c'était la redoute centrale des Allemands. Désormais,
l'histoire de cette campagne, unique entre toutes, peut
ne plus s'écrire que par l'énumération des villes reprises. Albert, le 22 août. Bapaume, le 29. Noyon, le
30. Péronne, le 1er septembre. Ham et Chauny, le 6.

Saint-Mihiel, le 15. Saint-Quentin, le 28. Cambrai, le 9 octobre. Le Cateau, le 10. Vouziers, le 12. Laon, le 13. Roulers et Menin, le 14. Lille, Douai, Ostende, le 17. Roubaix et Tourcoing, Bruges, le 18. Valenciennes, le 23. Landrecies, le 4 novembre. Dun-sur-Meuse, le 5. Vervins, Rethel, Sedan, le 6. Mézières, le 8. Tournai, Maubeuge, Hirson, le 9. Rocroi, Gand, Mons, le 10.

Il ne reste plus à reconquérir qu'une parcelle de territoire français, et qu'une partie de la Belgique. Question de jours, seulement. Car les armées allemandes, déchiquetées, lâchant pied, vont être anéanties. C'est la fin, l'écroulement!

LES BALKANS ET L'ITALIE

Les alliés de l'Allemagne l'ont précédée dans sa ruine. En septembre, deux grandes villes de Serbie, Prilep et Uskub, sont prises. L'armée bulgaro-austro allemande est divisée en plusieurs tronçons. Le 26, la Bulgarie envahie demande l'armistice.

Le 24 octobre, commence une offensive italienne. Trente, Trieste, Udine tombent. Le 4 novembre, l'Autriche-Hongrie demande l'armistice.

Deux jours avant, la Turquie, que la défection bulgare mettait à notre merci, avait capitulé.

L'ARMISTICE

Dès le 5 octobre, l'Allemagne avait demandé l'armistice, en s'adressant au président Wilson. Devant la nécessité pressante, elle subit, le 7 novembre, l'humiliation d'envoyer ses parlementaires, couverts du drapeau blanc, au quartier général du Maréchal Foch.

L'armistice, signé le 11 novembre 1918, stipule la

prompte évacuation du canton de Briey, de la Belgique, du Luxembourg, de l'Alsace-Lorraine; l'évacuation des pays de la rive gauche du Rhin, qui seront occupés par les Alliés avec têtes de ponts à Mayence, Coblentz et Cologne, et zone neutre sur la rive droite du Rhin. Il exige la livraison de canons, de matériel, de navires de guerre, de sous-marins. Il rend la liberté, sans échange, aux prisonniers et otages civils des nations alliées.

Il met l'Allemagne dans l'impossibilité de nuire.

CE QUE SERA LA PAIX?

Elle créera une Europe nouvelle : France redevenue, définitivement, ce qu'elle était avant 1871; Belgique restaurée et désormais intangible; Italie accrue de toutes les terres italiennes rachetées; Grande Serbie yougo-slave donnant la main à l'État Tchéco-Slovaque ; Pologne reconstituée; Roumanie agrandie des provinces où vit la race roumaine. Elle donnera tout leur droit à tous les peuples, Danois spoliés du Slesvig, Arméniens et Syriens exterminés depuis des siècles, Arabes revendiquant leur indépendance; elle favorisera l'expansion de l'Hellénisme; elle établira le statut qui permettra à la Russie de se relever.

Elle poursuivra la réparation de toutes les dévastations, le châtiment de tous les crimes. Et surtout elle devra rendre à jamais impossibles l'épouvante et l'horreur de nouvelles guerres.

RÉSUMÉ
DES
ÈVÉNEMENTS DU FRONT FRANÇAIS

3 août 1914. Déclaration de guerre.

Offensives françaises en Alsace et en Lorraine.

7-25 août 1914. Les Français s'emparent, à deux reprises, d'Altkirch et de Mulhouse ; ils occupent Thann d'une façon défi- nitive. Ils s'avancent en Lorraine jusqu'à Dieuze.

Charleroi et la Retraite stratégique.

20 août-4 septembre 1914. Succombant sous le nombre à la grand bataille de Charleroi, les armées anglo-françaises doivent battre en retraite. Elles ralentissent la marche de l'ennemi par divers combats, notamment celui de Guise qui est une victoire. Les Allemands atteignent Chantilly, mais renoncent à attaquer Paris ; ils passent la Marne et parviennent jusqu'à Coulommiers.

Bataille de la Marne.

5-12 septembre 1914. A la suite de notre éclatante victoire sur l'Ourcq et sur la Marne, les Allemands en déroute sont rejetés au delà de l'Aisne. Ils ont, dans le même temps, vu échouer toutes leurs attaques contre Nancy et la ligne de la Meuse.

La Course à la mer.

19 septembre-16 novembre 1914. Les Allemands essaient de tourner notre aile gauche en remontant sans cesse depuis l'Aisne jusqu'à la mer du Nord. Les batailles successives de l'Aisne, de Picardie, d'Artois, des Flandres, de l'Yser et d'Ypres leur barrent partout le passage et les réduisent à se terrer dans leurs tranchées.

Offensives de 1915.

16 février, 18 mars. Les Français obligent les Allemands à reculer leurs lignes, en Champagne, à Perthes-les-Hurlus, Tahure et Beauséjour, et en Argonne, à Vauquois. Les Anglais obtiennent le même résultat en Artois.

9 avril. Les Français s'emparent des Éparges, sur la Meuse.

8 mai-18 juin. Une nouvelle offensive des armées franco- anglaises en Artois reprend encore du terrain sur l'ennemi.

23 septembre-5 octobre. A la grande bataille de Champagne, les Français sont sur le point de percer le front allemand. Les Anglais réussissent en même temps une troisième bataille de l'Artois.

Verdun.

21 février-30 juin 1916. Les Allemands lancent toutes leurs forces contre la ville de Verdun. Ils s'emparent des forts de Douaumont et de Vaux. Mais la résistance héroïque de nos troupes les empêche d'aller plus loin.

24 octobre-2 novembre. Une contre-attaque reprend Douaumont et Vaux et rejette les Allemands sur leurs positions de départ.

Bataille de la Somme.

1er juillet-26 septembre 1916. Le premier élan de nos soldats les porte jusqu'aux faubourgs de Péronne. Une vaste portion du territoire envahi est reconquise.

17-24 mars 1917. La suite des opérations oblige l'armée allemande à un brusque repli qui nous rend une dizaine de villes comme Bapaume, Péronne, Roye, Noyon.

Le Chemin des Dames.

16 avril, 4 mai 1917. Les Allemands sont débusqués des falaises de la rive droite de l'Aisne. Nous nous emparons du plateau de Craonne et des hauteurs que parcourt le Chemin des Dames.

Dernières offensives allemandes.

21-27 mars 1918. Les Allemands essaient de couper l'armée anglaise de l'armée française à leur point de jonction. Ils reprennent Bapaume, Péronne, Roye, Noyon et occupent Albert et Montdidier. Leur marche est arrêtée par Foch entre les mains de qui vient d'être réalisée l'unité de commandement.

27-30 mai. Une surprise fait tomber le Chemin des Dames au pouvoir des Allemands. Ils occupent Soissons et Château-Thierry, mais ne peuvent dépasser la Marne.

15 juillet. Ils tentent un suprème effort dans la direction de Reims, Épernay et Châlons.

La Victoire.

17 juillet-10 novembre 1918. La contre-offensive de l'armée française précipite la débâcle allemande. L'ennemi est successivement chassé de Château-Thierry, Soissons, Saint-Gobain, Noyon, Cambrai, Laon, Lille, Mézières, Maubeuge.

Le territoire français est presque entièrement libéré.

L'Armistice.

11 novembre 1918. L'armée allemande capitule. L'armistice la sauve d'une destruction totale qu'elle ne pouvait éviter sans lui.